Didier COLPIN
(PLUMOT et sa poussière…)

Ode à la Femme…
2051819

BoD 12/14, rond point des Champs Elysées, 75008 Paris

© 2017 - Auteur Didier Colpin

Editeur : BoD – Books on Demand
12/14, rond point des Champs Elysées, 75008 Paris, France
Impression : BoD - Books on Demand, Allemagne

ISBN 978-2-322-08541-5
Dépôt légal BNF octobre 2017

Didier COLPIN est né en 1954 dans une petite ville de l'Ouest de la France.
Il a découvert l'écriture et la poésie « sur le tard », en 2010. Depuis elle est devenue sa compagne de tous les jours…

Deux muses aiment venir le hanter : la Femme et la mort ou dit autrement l'amour et le sens de la vie.

La poésie est pour lui le contraire de Twitter et de sa rapidité. Elle est un arrêt sur image… Sur un émoi sur un trouble sur la beauté sur la laideur.
Le tout vu, ressenti à travers le prisme qu'est son regard.

Il écrit en respectant l'esprit de la prosodie classique et en suivant l'objectivité de sa subjectivité. A moins que ce soit juste le contraire…
Sa poésie n'a que peu de ponctuation : il aime l'aspect épuré de poèmes ainsi dénudés.

Du même auteur

Sous le pseudo de *PLUMOT et sa poussière…*
'Madame vous êtes belle…'
'BLA BLA BLA Etc Prose poésie et leçon de latin…'
'Kaléidoscope poétique'
'REGARD SUR et non regards sûrs…'
'Poèmes androgynes – Saison une'
'Poèmes androgynes – Deuxième saison'

Et sous le nom de Didier COLPIN
'Les baisers du crachin…' - Trois tomes
'*The* code secret…'
'Des images et des mots' (En collaboration avec la photographe Marie Leuret)
'Agenda poétique perpétuel'
'Poésie rock'
'Douze mois sous la plume'
« Maudite soit la guerre »
'Fragments d'humanité…'

Le site *Poésie Française* (poesie.webnet.fr) a classé « Coup de cœur » les cinq poèmes suivants :
'Vous perdre avant de vous avoir trouvée…'
'L'infini de la mort…'
'Marcher dans la vie…'
'La peste ou le choléra…'
'Vaisseau de cristal…'

Publié dans les revues suivantes :
Libelle – N° 283 novembre 2016
Florilège – N° 166 mars 2017
Art et poésie – N° 238 mai 207
Art et poésie – N° 239 septembre 2017

La femme n'est pas l'objet de ce recueil, la Femme en est le sujet…

Sélection de textes…
(2010/ 2017)

Préface
ANNE VANDERLOVE

Je suis toujours très émue lorsqu'un auteur me demande de préfacer son livre, émue et honorée tout à la fois. J'éprouve aussi, comme avant de monter sur scène, une curieuse forme de trac, car c'est une lourde responsabilité.

Comme la première chanson d'un de mes tours de chant doit capter le public, le capturer, pour l'emmener à la découverte de mon univers, une préface doit capter, capturer le lecteur, pour lui donner l'envie de tourner les pages et de découvrir l'œuvre qu'on lui propose.

Comme sur une mélodie douce-amère, et avec un regard lucide et aiguisé sur le monde qui nous entoure, Didier Colpin égrène ses poèmes comme autant d'appels au secours, de cris, de révolte face à la misère sociale, la violence, la haine, les guerres, la barbarie qui nous bouleverse en ce moment plus que jamais.

Comme il le dit lui-même, il écrit sur tout cela avec de l'encre trop rouge sur du papier trop noir.

Mais, toujours au fil de cette mélodie douce-amère, l'auteur égrène aussi sa nostalgie de l'enfance lointaine, l'innocence perdue, le Temps qui passe, qui va, qui fuit, qui nous détricote et qu'on ne peut retenir, emportant avec lui nos rêves de liberté et d'amour.

Car l'Amour a une place essentielle dans l'œuvre de l'auteur.

L'Amour, la Femme, l'Idéal de tous les idéaux, cette quête éperdue de la pureté originelle se dessine avec pudeur, se devine au détour de chaque strophe, de chaque mot ciselé et choisi avec à la fois précaution, précision, et humilité.

Lorsque j'ai tourné la dernière page, et reposé ce livre sous ma lampe, je ne sais pas pourquoi j'ai repensé au Petit Prince marchant tout doucement vers une fontaine, ni pourquoi moi, je me suis vue revenir tout doucement d'une balade au cœur d'un arc-en-ciel après la pluie sur un automne de mon enfance.

C'est peut-être ça, la magie de l'œuvre de Didier Colpin.

Anne Vanderlove
Le 7 janvier 2017

« Auteur, compositeur, interprète engagée Anne Vanderlove a multiplié les distinctions, les rencontres et les engagements, s'impliquant pour les droits de l'Homme, la condition féminine et les droits de l'enfant.

Anne Vanderlove est, comme elle se définit elle-même, une 'créatrice d'émotions' »
- ☐ Grand prix de l'Académie de la chanson française,
- ☐ Premier Prix de la Chanson latine à Mexico,
- ☐ Rose d'Or d'Antibes,
- ☐ Marguerite d'Or de Monaco,
- ☐ Grand prix du Festival de Musique de Tokyo,
- ☐ Oscar 1981 de la Chanson Française (Remis par Jack Lang Ministre de la Culture),
- ☐ Trophée 1982 du Festival Mondial de la Chanson d'Antibes-Juan-Les- Pins,
- ☐ Diplôme du Haut Commissariat à la langue française 1982,
- ☐ Médaille de Vermeil des Arts et des letters (1995),
- ☐ Par arrêté du 17 janvier 2013, Anne Vanderlove est nommée Chevalier de l'ordre des Arts et des Lettres,
- ☐ Prix du Cœur de la SACEM le 10 avril 2013.

Et depuis 2011, une rose porte son nom…

Introduction

Si la Femme est une de mes muses, les poèmes soufflés ne le sont pas par le vent du machisme...

Ce recueil en contient d'ailleurs un condamnant, sans ambages, l'excision...

Voilà également ce que je déclarais en janvier 2011 lors d'une brève interview :

«L'investissement de la femme dans l'entreprise passe par celui de l'homme dans la maison»
Question : Merci de nous accorder cette interview. Vous êtes membre du 'Réseau Équilibre'. Quelles en sont les raisons ?
Didier Colpin : Mon épouse a toujours travaillé et il m'a toujours été clair que je devais participer aux travaux domestiques. Père depuis 1984, l'importance de la conciliation des temps de vie est pour moi une évidence. Je me suis retrouvé dans cette phrase «L'investissement de la femme dans l'entreprise passe par celui de l'homme dans la maison».
(...)
Q : Pour conclure et résumer, que diriez-vous ?
R : - « La Liberté de l'Humain passe par une Égalité de droits pour les deux entités qui le composent. Et seule cette égalité, en excluant tout apartheid, permet une pleine Fraternité des sexes.
- « Rester à la maison » est respectable et doit être respecté. Si c'est un choix éclairé et partagé.

- « Travailler » est respectable et doit être respecté. Si c'est un choix éclairé et partagé.
Mais dans des conditions juridiquement identiques avec des chances qui le sont donc également.

Source :
http://archive.cfecgc.org/e_upload/pdf/itwdidiercolpin.pdf

(Sur une 'barre de recherches' frapper : Didier Colpin Réseau Equilibre)

Et si ma plume sait parfois être sensuelle, toujours elle est trempée dans l'encre du respect…

BEAUTÉ DE LA FEMME MATURE...

Le génie des sculpteurs grecs est d'avoir su se saisir du mouvement et de sa dynamique pour le fixer, comme un défi au temps…
Je ressens la sculpture classique comme étant un mythe d'une beauté intemporelle, un hymne éternel à la gloire de la Femme élevée au niveau de dieu vivant pour toujours…

Mais tout cela n'est qu'illusion, chimère, leurre...

Bien sûr la statue a traversé les siècles comme une négation des lois naturelles qui veulent qu'une ombre ne perdure pas au-delà du coucher du soleil...
Mais qu'en est-il du modèle belle Femme s'il en est...
Devant une pâle « copie » en marbre (Car la statue n'est qu'une illusion de son « je »…), je ne peux m'empêcher, ému, de penser à Celle qui inspira le sculpteur et qui au delà du néant qu'elle est à présent m'offre sans pudeur sa nudité...

Parfois même, effleurant avec respect la pierre, je sens la chaleur de sa peau frémir sous mes doigts tremblants... Je perçois ses craintes, ses fiertés, ses peurs, son humanité...

Sentiment identique à celui généré par la traversée, la visite, d'un « village fantôme » de l'ouest américain, par la contemplation d'une vieille photo grouillant de vie et se dire...
« A présent ils sont tous morts ! ».

Lot commun...
Banalité que de le dire...

Mais qu'en est-il de vous Madame ?

Pouvez-vous accepter l'inacceptable ? Question chimérique car avez-vous le choix ?
Au-delà de l'hygiène de vie, de l'élégance et des cosmétiques le mythe du docteur Faust reste un mythe...
Si donc la sagesse se cachait derrière l'acceptation du vieillissement ? Le regard de l'autre objecterez-vous !

Je veux Vous rassurer...
Et je le peux !

Tous les hommes ne sont pas des cougars au masculin ayant pour fantasme absolu l'usage et l'exhibition d'un jouet plus jeune qu'eux de plusieurs décennies...

Tous les hommes ne définissent pas la fidélité comme étant le fait d'avoir tout au long de la vie une femme qui -elle- aurait toujours le même âge...

Lorsque j'avais 20 ans je "regardais" les Femmes de 20 / 30 ans les trouvant belles...

Aujourd'hui, alors que je suis plus près de 60 que de 50 ans, ce sont celles de 45 / 65 ans que je trouve tout aussi belles...

Sauf quand elles sont liftées !

Une Femme qui sourit avec un regard pétillant est, quel que soit son âge belle...
Les rides naissantes ou affirmées, selon le poids des années, ne

sont pas outrages mais sillons d'une terre fertile où la vie a semé des souvenirs bons et mauvais...

Je ne suis pas soumis au diktat de la mode et je ne jette aucun ostracisme sur les Femmes qui échappent aux normes établies de l'esthétisme !

Et si le temps qui vous fait cortège vous fait pleurer, et bien ne retenez pas vos larmes et fermez vos yeux :

Acceptez, Madame, qu'avec pudeur j'embrasse ces pleurs, comme pour les assécher...

Acceptez, Madame, qu'avec délicatesse, je caresse votre joue comme pour en tarir la source...

Acceptez, Madame, que je murmure ces mots à votre oreille "Les années, plus qu'hier et moins que demain ? Effectivement mais pour moi aussi... Comme Vous, avec Vous, près de Vous, je suis dans la barque de l'humaine condition ballotée sur le torrent tumultueux de la vie..."

Ouvrez à présent vos yeux et noyez votre regard dans le mien...
Ecoutez-le Vous dire avec sincérité :

MADAME, VOUS ETES B E L L E !

FEMME, PASSION DÉVORANTE....

Si « L'enfer, c'est les autres », le bonheur aussi ! Ou plutôt l'Autre, l'Aimée…

Quel bonheur de la retrouver !

Celle dont le regard est autoroute vers le Nirvana,

Celle qui vous a livré tous les secrets de sa fragilité,

Celle avec qui vous êtes en osmose par la grâce d'une alchimie,

Celle dont le Corps n'est pas chair mais Temple où votre virilité toujours renouvelée en exclusivité est immolée,

Celle qui s'offre à vous avec tant de générosité,

Celle que le temps n'a pas altérée mais patinée avec distinction et élégance,

Celle qui, à la façon d'une aurore emplissant et embellissant l'horizon, vous ouvre les bras pour chasser l'obscurité et vous faire voir l'existence en couleurs,

Celle dont le souffle n'est pas respiration mais désir vie et jouissance,
Celle dont la peau est toile de Maître que vous ne cessez d'admirer et de découvrir, comme à la recherche du Nombre d'Or,

Celle dont les parfums délicieux, aux essences qui vous sont essentielles, sont autant de senteurs, d'aromates suaves, d'un marché exotique où vous aimez vous promener, vous immerger, pour oublier,

Celle dont « L'origine du monde », est fontaine de Jouvence, s'il en est,

Celle dont la liqueur est puissant élixir de vie enivrant et dont jamais vous n'êtes rassasié...

Celle qui vous apporte l'oubli auquel vous aspirez comme le prisonnier aspire à l'amnistie,

Celle qui est votre "Cantique des cantiques" sans cesse chanté et dont « Le galbe des cuisses, tels des joyaux, est l'œuvre de main d'artiste et les seins semblables aux faons jumeaux d'une gazelle sont comme des pampres de vigne »,

Celle dont la flamme brillera toujours dans votre mémoire, et dans le regard de vos enfants…

Celle dont les larmes ne sont pas pleurs mais douleur, la vôtre, la sienne, vous ne savez pas, vous ne savez plus tant votre âme est fondue en la sienne, tant vous êtes Elle et Elle vous…

DANS UN RÊVE DE TOI...

Et marcher dans hier sous le soleil et l'ombre
Etrange labyrinthe au sol de pavés mous
Comment pourrais-je enfin m'en sortir sans encombre
Quand tous mes sens ne sont qu'hypnotiques remous...

Ton soleil est douceur ton soleil est brûlure
Dans un abus de Toi je me suis enivré
L'alcool de ton aura fragile ciselure
Est fantasme en bouteille où j'erre désœuvré...

Ton ombre est guérison ton ombre est hivernale
Dans un manque de Toi je me suis égaré
Le froid de ton absence est douleur infernale
Je ne suis qu'un fantôme au mental délabré...

Et se retrouver seul dans l'image de l'autre
La plage de novembre est en quête de Nous
Ton mirage revient drapé comme un apôtre
Devant lui je me mets humblement à genoux...

DANS LE RÊVE DE VOUS...

Je vous rêve Madame
Dans votre nudité
Votre limpidité
Vous êtes mon sésame
Et sans avidité
Mon être vous réclame...

Afin de vous offrir
Ce cri de l'existence
Vous laissant sans défense
Dans les bras du plaisir
Ce regard d'innocence
Qui sait vous éblouir...

L'amour vous rend si belle
Vos traits épanouis
Etouffent mes soucis
Et vos yeux aquarelle
Apaisés réjouis
Deviennent ma chapelle...

Nous sommes cet îlot
Au sein de la tempête
Pour un instant de fête
Où la vie est gros lot
Et suave conquête
Bien loin du temps brulot...

TROUBLE...

Souvenir d'un parfum d'un rempart romantique
Désir intemporel pour naufragé du temps
Seul sur une planète à l'air peu sympathique
-Aux marchands de soleil tous petits charlatans-
Qui cherche uniquement du vrai de l'authentique…

Souvenir d'un parfum cadeau du Féminin
Transcendant le réel d'une note magique
D'un agréable arpège éclairant le matin
Emplissant l'horizon d'une exquise musique
Caresse de la vie en habits de satin…

Souvenir d'un rempart d'une horloge amnésique
Où n'existe plus rien qu'une onde en flottement
Dans la communion d'un privilège unique
Du bonheur étonnant -noble raffinement-
De nos yeux rayonnants… Silence véridique…

GENTILLE MUSIQUE...

Serons-nous amis serons-nous amants
Tout innocemment exaltons la vie
Chassons le souci d'instants diamants
Où très tendrement l'amour nous convie...

Dans l'appel de l'âme et celui du corps
Où brille ton or pour moi tu t'enflammes
L'oubli nous réclame et nous rend plus forts
La petite mort efface nos drames...

Nouvelle grammaire avec je/ tu/ nous
En des instants fous chassant la misère
Baignant le désert nos malheurs absous
Sont enfin dissous sont début d'une ère...

Cet éternel chant d'un œil aguichant
-Métronome azur qui bat la mesure-
Provoque le temps d'un tableau touchant
Tableau clair-obscur chassant la censure...

EXCISION...

Jamais je ne dirai pitié pour le clito
Mais pitié pour l'Enfant pour la future Femme
Que par l'excision tu prives d'une flamme
-Reçois tout mon dégoût- macho phallo salaud...

Elle n'est qu'un jouet simple objet pour ton vice
Infâme mécréant dont l'œil n'est que charnel
Finalement tu n'es qu'un lâche criminel
Honte aux individus qui comme toi sévissent...

L'amour est un partage en toute égalité
Instant de fusion dans une belle osmose
Pour les deux enlacés dans une apothéose
Qui n'a qu'un seul secret complémentarité...

LE SEPTIÈME...

Par un des sens je vous savoure
J'aime vous voir le dos cambré
Et ce tableau le célébrer
Puis le chérir avec bravoure...

Par un des sens -raffinement-
Les yeux fermés je vous respire
Et cet exquis parfum m'aspire
Dans un étrange enivrement...

Par un des sens belle musique
Votre corps est partition
Et symphonie émotion
Dans un creuset tout alchimique...

Par un des sens pulpeux toucher
Je vous devine un peu fragile
Et sous les mains comme l'argile
D'un prime abord effarouché...

Par un des sens je vous dévore
D'un appétit nullement feint
Et devant vous je dis « Enfin ! »
C'est le vivant qui nous honore...

Par un des sens intuitif
Sans dire mot je vous devine
Et cette aubaine est bien encline
A rester sans superlatif...

.../...

Sans indécence en transcendance
Les autres sont 'subliminés'
Pour se trouver tous combinés
Dans un cadeau de l'existence…

LA CONCUPISCENCE...

Demain sera tel un dimanche
Rêve éternel de pureté
Poème écrit sur page blanche
Rimant avec fidélité...

Un cul de rêve
Le mal en vit
Le mâle en crève
Thanatos rit...

Piège éternel femmes fatales
Instant menteur instant volé
Instant trésor mais à deux balles
Instant bonheur facsimilé...

Un cul de rêve
Le mal en vit
Le mâle en crève
Thanatos rit...

Faible est la chair pourrait-on croire
Mais c'est à tort c'est une erreur
La chair est forte et sa victoire
Est rêvicide et puis aigreur...

.../...

Un cul de rêve
Le mal en vit
Le mâle en crève
Thanatos rit…

…

Oh mon amour vois-tu ces larmes
Filles du temps cet assassin
Les souvenirs qui nous désarment
Qu'ils soient pour nous tel un vaccin

Et chant de rêve
Qui resplendit
Où le mal crève
Où Tout revit…

IVRESSE...

Que faut-il avoir fait pour mériter la mort
La sentence est un cri "Coupable de naissance !"
Le bourreau qu'est la vie exécute le sort
Sans aucun état d'âme aucune réticence...

Le summum de l'absurde anime notre cœur
Qui par ses battements toujours nous interroge
Le sens est attaqué comme au marteau piqueur
Quand le beau validé subitement s'abroge...

Ton regard dans mes yeux m'accorde du sursis
Tes bras me retenant repoussent la potence
Ton parfum me ravit dans mes jours obscurcis
Ton amour est cadeau dans cette inconsistance...

Alors enivrons-nous
De ce feu réciproque
Oublions le courroux
De ce temps qui disloque...

LA QUÊTE DE L'AUTRE...

Dans le désir de plaire où certains font la roue
Avec 'Le moi d'abord' comme ultime objectif
Avec l'égo miroir en figure de proue
L'autre n'est qu'un pantin qu'un soin palliatif…

Dans mon désir de plaire où tour à tour s'alternent
Le rôle d'alizés le rôle de voilier
Dans un échange égal -les rêves s'y prosternent-
L'autre est mon compagnon demain notre atelier…

Dans ton désir de plaire enfin tu te dévoiles
Volonté de donner besoin de recevoir
Réciproques cadeaux magnifiques étoiles
L'autre devient l'amour dépassant le savoir…

Dans le désir de plaire où certains se confessent
Comme argile fragile aux doutes affirmés
Comme irréel fantôme où les projets s'affaissent
L'Autre est alter-ego… Dons de soi sublimés…

PETITE MUSIQUE DE VIE...

Par les mots partition
De l'éternelle musique
Chantant l'intellophysique
-Moderne tradition-

L'âme de ton échancrure
Vient pour transcender le corps
Dans de magiques accords
Qui nourrissent l'écriture...

L'aube du creux de ton dos
Etrenne toute la gamme
Qui par sa magie enflamme
L'innocence des ados...

A l'heure du crépuscule
Des désirs toujours latents
Viennent dépasser le Temps...
Avec une majuscule

Car l'Amour est toujours là
Sachant peupler les années
Loin des jeunesses fanées
Il donne toujours le 'La'...

FANTÔMES VIVANTS POUR AMOURS MORTES…

Vous mes amours que l'on dit mortes
Vous êtes là -hier vibrant-
L'inconscient m'ouvre ses portes
Il est parfois comme encombrant
Des souvenirs vives cohortes…

Une chanson puis brusquement
On se revoit tremblant timide
Adolescent tout gentiment
Troublé par un regard limpide
Nous foudroyant subitement…

Un courant d'air un parfum vole
Et le passé soudain surgit
On le croyait bénin frivole
Presqu'effacé bien assagi
Oui mais jamais il ne s'immole…

Nous avons tous un temps d'avant
Sa silhouette est un fantôme
Juste caché d'un paravent
Là sur le cœur un hématome
Fait remarquer qu'il est vivant…

Nous avons tous dans la mémoire
Dans ce pays du souvenir
Bien des jalons de notre histoire
Qui refusant de s'abstenir
Hantent Chronos de dérisoire…

ÉTERNELLE PASSANTE...

Dans un ciel de traîne
Je vais et survis
Un reflet m'entraîne
Dans un vis-à-vis
Où votre âme est reine...

Je ferme les yeux
Votre être m'enlace
Loin de l'ennuyeux
Qui là se prélasse
Sous de sombres cieux...

Passera l'orage
Laissant que du clair
Comme un étalage
Du brillant éclair
De votre mirage...

Le soleil est froid
M'agite le manque
Dans mon désarroi
L'amour saltimbanque
Raille mon effroi...

...

                                          .../...

Fugace rencontre
Ton intensité
Pour toujours démontre
Qu'un cri de beauté
Arrête la montre…

ENIVRANTE FLEUR...

Combler réjouir une solitude
Se fait avec peu même avec très peu
En fait un beaucoup -traîne d'hébétude-
Eternelle grâce éternel aveu
Une onde en bouquet fleurs de plénitude...

Une chevelure autour d'un regard
Et puis une bouche une silhouette
La vie en rosée aube et faire-part
-Comme un ciel d'été pour une mouette-
Sait être cadeau précieux nectar...

S'éveille un écho qui doucement vibre
Nourri d'un parfum gentil délicat
Loin du compliqué tout en équilibre
Il sait nous donner son certificat
Un petit bonheur qui volette libre...

Inconsciemment tout pudiquement
Presque malgré soi du beau se devine
Le corps de la Femme est enivrement
Jazz vif vigoureux comme sonatine
Respectons la note amoureusement...

DANS LE MYTHE DE TOI...

Légèreté de la dentelle
Pour habiller la bagatelle
Un grain de peau tout en satin
Où la raison perd son latin...

Des mots gentils qui se susurrent
Pour apaiser notre blessure
Dans un partage un souffle court
Qui vient s'offrir tendre et glamour...

Dans un grand huit deux corps qui dansent
Deux corps qui vont dans l'évidence
Pour défier l'apesanteur
Comme le temps vil prédateur...

Corps pianos pour folles gammes
Mettant le feu splendides flammes
Des concertos à quatre mains
Déconcertants jamais communs...

Les deux ne sont rien qu'une osmose
Dans un regard ému tout chose
L'âme et la chair d'un même esprit
Voient le bonheur qui leur sourit...

Des enivrants parfums magiques
Tuent nos demain toujours tragiques
C'est un effluve une liqueur
Où nos deux cœurs chantent en chœur...

.../...

Ce chant des sens dans l'innocence
N'est que beauté magnificence
Taisant nos maux c'est un cadeau
Où l'Amour va tout crescendo…

Quand cet Amour vient nous appelle
La chance nous prend sous son aile
L'orage alors semble lointain
Le port enfin s'avère atteint…

« THIS LOVE WILL NEVER DIE AND I LOVE HER » (1)

Le temps n'est que bruissement
Comme une onde imperceptible
Il n'est pas vieillissement
Ni dictateur inflexible…

La douceur de ce matin
Moment de notre rencontre
Aube de notre destin
Est témoin qui le démontre…

Ivresse d'un même lit
Plus fort que les décennies
Le même regard fleurit
Pour les mêmes symphonies…

L'ivresse de notre slow
Musique qui nous enlace
Fait de nous comme un îlot
Où l'absolu se prélasse…

Entre nous rien n'a changé
Quelques mois de différence
Ecart pour toujours figé
Comme l'est notre attirance…

…/…

Entre nous ces mêmes bras
Pour ancre et pour port d'attache
Transcendant les apparats
Dans un splendide panache…

La douceur de ce présent
Echo de notre rencontre
Fait taire le médisant
Et notre amour se démontre…

Le temps n'est que bruissement
Comme une onde imperceptible
Il n'est pas vieillissement
Mais permanence visible…

(1) Paroles de "And i love her" des Beatles

QUIÉTUDE...

Un flash d'absolu je me déconnecte
Je contemple ému troublé fasciné
Délicatement le beau se délecte
Grâce de l'instant geyser spontané...

Les mêmes standards toujours nous enchantent
Eternel est l'Art flottant dans le temps
Cri perpétuel ta flamme attachante
Est essentielle... Eclats envoûtants...

La nature est là comme saint repaire
Qui nous tend les bras regard cajoleur
Son lit de soleil que beaucoup espère
Est vibrant éveil couteau ciseleur...

En cadeau vivant s'élève la Femme
Et l'homme fervent se trouve muet
Icône et déesse intemporel drame
Qui parfois se dresse en cruel fouet...

Tous les jours heureux de notre existence
Font briller nos yeux -sublime salut-
La sérénité ce bonheur intense
Vient de la beauté des flashs d'absolu...

MADAME LA MUSE...

Légèrement vêtue
Elle vient pour un deal
Mais acceptera-t-il
Sa visite impromptue…

Bonsoir Monsieur ! Bonsoir !
Serais-je une étrangère
Je suis la passagère
Qui loge en votre espoir

Visiteuse nocturne
Chuchotement discret
Je connais le secret
De votre air taciturne…

Là pour hanter vos nuits
Vos rêves me nourrissent
Et cette cicatrice
Cause de vos ennuis

D'un baiser de tendresse
Elle peut s'envoler
Je peux vous consoler
Tout en délicatesse…

…/…

Alors rien que pour vous
Je serais la mer chaude
De couleur émeraude
Qui chasse les remous…

Vous êtes poésie
Offrez-moi tous vos vers
Fuyons tous nos devers
D'une belle amnésie…

MAGIE D'UN INSTANT...

Un charme sans artifice
Comme son regard bleuté
Le trouble est un précipice
Aimant nous déchiqueter
Voluptueux maléfice…

Des jambes folle longueur
Vocation d'alpiniste
Hauteur ivresse langueur
Rêve perfectionniste
La Femme est une liqueur…

Une chevelure brune
Comme délicats rideaux
Autour de ce bleu lagune
Où mes yeux pauvres badauds
S'ouvrent sur cette fortune…

Une voix pour instrument
D'une enivrante musique
Qui vient agréablement
Radical anesthésique
Tutoyer d'un vouvoiement…

Un charme sans artifice
Comme son regard bleuté
Le trouble est un précipice
Aimant nous déchiqueter
Voluptueux maléfice…

FEMME...

Dans le mythe de Gaïa
Dans cet absolu fantasme
Haut comme l'Himalaya
Fontaine d'enthousiasme
Se perd tout un charabia...

Femme icone et vénérée
Femme idole au Panthéon
Femme chimère espérée
Que l'on veut caméléon
Servitude immodérée...

Esclave pour vieux machos
Esclave bête de somme
Esclave pour tristes shows
Simple objet que l'on consomme
Connaissant bien des cachots...

Ni démone ni déesse
Elle n'est qu'un Etre humain
Que l'homme implacable abaisse
Et jette sur son chemin
Méprisant toute tendresse...

...

Je veux juste t'embrasser
-Gentil baiser sur la joue-
Et puis te dédicacer
Ce beau respect qui déjoue
Tout ce qui vient t'angoisser...

« LE PLUS JOLI RÊVE... »

Lorsque tu t'endors au creux de mon rêve
J'apprivoise alors tes plus fous secrets
Tout en petits pas toujours si discrets
D'un gentil bonheur je deviens l'élève…

Du port de l'audace au soleil levant
Loin du jour fadasse où souvent je marche
Le flot de l'ivresse est une belle arche
Qui d'un air vainqueur nous met sous le vent…

Notre grande voile ignore l'orage
Une bonne étoile indique le cap
Le temps n'est plus vu comme un handicap
Mais paisible dû terre d'amarrage…

Nous y jetons l'ancre et semons demain
Qui s'écrit de l'encre encore amoureuse
Encore et toujours douce et généreuse
Contant notre amour sur son parchemin…

LE TRIANGLE DES BERMUDES...

Ce mythe toujours fascine
Il interpelle il intrigue
Et rien ne le déracine
Constamment l'homme y navigue
Son mystère le lancine...

Sans se perdre il s'abandonne
Loin de toute lassitude
Par son ivresse il rayonne
-Apaisante certitude-
L'homme en ses eaux tourbillonne...

UNE FEMME APPARAÎT...

Porté par un arpège étouffant tout le bruit
Le charme surgissant va glissant dans l'espace
L'indolence du monde alors d'un coup s'enfuit
Il arrête le temps qui brusquement trépasse
La couleur le soleil fait trébucher la nuit...

Le ciel bas s'éclaircit quand la Femme rayonne
Le trouble l'auréole et chasse tout souci
L'instant tout en beauté brusquement tourbillonne
Il est verre d'alcool pour un spleen adouci
Une brève voyelle épouse une consonne...

Ce bonheur trop fugace a déjà disparu
Et son espace-temps se referme aussi vite
Il reste un souvenir dans notre gris bourru
Un interpellant flash qui vivre qui lévite
Fantasme d'un cépage aux airs d'un très grand cru...

ABANDON...

La douceur de la chair est comme une oasis
Dans un monde de bruit comme une mélodie
Et lorsque de l'amour nous devenons les fils
Alors tout doucement le bonheur irradie...

Tel un arpège offert flottant sereinement
Qui sait couper de tout qui rend belle la vie
Le regard qui survient affectueusement
A suspendre le temps naïvement convie
Dans un moment charmant chantant l'étonnement...

La douceur de la chair au bal de l'éphémère
Est le vol d'un oiseau qui monte et disparaît
Un tout petit toujours de demain de naguère
Le parfum d'une fleur avant le couperet...

BEL OUBLI...

Bien sûr que le corps *sex*prime
Dans la recherche du cœur
Qui parfois même déprime
L'amour est une liqueur
Que jamais rien ne périme...

Un vol en phase plateau
Dans un shoot à l'endorphine
Qui se finit bien trop tôt
Fait que tout soudain s'affine
Et l'on vit dans un château...

C'est un regard qui décolle
Porté par un souffle court
Echo d'une étreinte folle
Où l'ivresse vite accourt
Se moquant du protocole...

...

S'endormir tout tendrement
Blotti dans les bras de l'Autre
Qui se love lestement
Lorsque ce bonheur est nôtre
Le temps va tranquillement...

ETERNEL TROUBLE...

Des Venus de Lascaux jusqu'à celles des plages
Le charme féminin reste toujours vibrant
Il sait mettre le feu dans les regards volages
Des hommes subjugués qui d'un calme apparent
Se devinent déjà dans des batifolages...

La grâce d'une courbe et le grain de la peau
D'autres lieux devinés d'un riche imaginaire
Le cœur un peu nerveux souligne le tempo
Pendant que le fantasme en parfait partenaire
Eloigne du réel l'instant n'est qu'un appeau…

Ce n'est pas un objet la Beauté se respecte
Elle est souvent fragile en haut de ses talons
Parce que l'insolence est toujours plus qu'infecte
Il faut que la réserve impose des jalons
Que l'audace des yeux se montre circonspecte…

ÉTERNEL ENCHANTEMENT...

Le charme de la Femme est un voile qui vole
Dans le vent de la vie « étrange et pénétrant »
Il est tel un parfum qui vient qui fuit frivole
Il va de-ci de-là troublant comme enivrant
Il est aussi souvent pour l'homme une boussole...

Elle indique un chemin faisant perdre le nord
Elle indique un chemin qui le conduit au port
Elle indique un chemin qui le conduit au tendre
Dans le jardin secret d'un gracile méandre
Dans le jardin secret de l'instant suspendu
Dans le jardin secret du regard entendu...

Le charme de la Femme aux accents romantiques
Dans le vent de la vie est bonheur de toujours
Il est tel un parfum -fragrances authentiques-
Il va de-ci de-là parfumant tous nos jours
Il est aussi souvent le plus beau des cantiques...

BÉAUTÉ D'UN TROUBLE....

Il est des portes d'or
Ouvrant sur l'artifice
Dérisoire décor
Pour feu de maléfice
Illusoire trésor
Dérisoire édifice…

Mais des portes en bois
Réservent des surprises
Loin du rire sournois
Et des leçons apprises
Ignorant le narquois
Ecartant les méprises…

Au delà d'un regard
Quel cœur se dissimule
Jouera-t-il du Mozart
Sera-t-il son émule
Echo de son grand art
Ou qu'éphémère bulle…

Le regard féminin
Est éclair qui transperce
Il n'est jamais bénin
La Femme bouleverse…
Antidote ou venin
Telle est la controverse

«LES FEMMES MÉRITENT LE RESPECT»...

Que de lois faites par l'homme
-Dans un esprit qui m'assomme-
Sont pour la Femme un carcan
Au point d'en être choquant...

Elle est souvent une esclave
Marchant le visage grave
Un mec/mac lui dit 'tais-toi'
Elle se tait car sans droit...

Pourquoi décider pour Elle
Serait-elle sous tutelle
Pourquoi donc la museler
Ce sort serait-il scellé...

Sempiternelle mineure
C'est l'Humanité qui pleure
La complémentarité
Passe par l'Egalité...

Exécrable est le machisme
Méprisable est son psychisme
Cette tare est légion
Le pire : en religion...

Détestable phallocrate
Ta culture est scélérate
Tu méprises le respect
C'en est bien plus que suspect...

.../...

Rappelle-toi d'Hypatie
Et de Mesdames Curie
Que fais-tu de leurs talents
En as-tu d'équivalents…

Ton orgueil n'est que minable
Tout autant que condamnable
Reflet d'une lâcheté
Reflet d'une dureté…

…

Nous avons deux composantes
Trop d'injustices pesantes
Assombrissent le tableau
-Femme simple bibelot-…

Tout le vertueux pour l'une
N'est pas pour l'autre infortune
De même le désastreux
Est pour tous malencontreux…

Si l'on est à Son image
N'est-ce pas Lui rendre hommage
Que d'être attentionné
Envers un Tout fort bien né…

« NEW SKIN FOR THE OLD CEREMONY »... (1)

Juste rechercher l'autre et dans l'oubli de soi
Bourgeonne une union bien plus que corporelle
Chante une plénitude (extra...) sensorielle
Comme une effervescence où rien ne nous déçoit...

Le temps semble vaincu par un simple instant roi
Partager recevoir la danse est sensuelle
Tout est complice feu l'entente est mutuelle
Doucement disparaît l'ombre du désarroi...

À défaut d'être loi l'amour est symphonie
Pour un concert privé célébrant l'harmonie
De deux regards liés vibrant dans un frisson...

Musique de toujours ignorant l'indécence
Marquant l'humanité d'un éternel poinçon
Inondant le matin d'un rayon d'innocence...

(1) Nom du cinquième album -1974- de Léonard Cohen.

LA DOUCEUR D'UN PRINTEMPS...

La grâce d'une courbe -une autre en symétrie-
Un regard qui se pose en s'évadant du temps
Le pays de l'amour est comme une patrie
Comme un mythe éternel aux effets envoûtants...

La grâce de la Femme inspire les statues
Charme immortalisé par des bienfaits constants
Habillées de pudeur elles vont dévêtues
Protégeant leurs secrets de leurs flegmes distants...

La grâce d'une courbe aux mouvements magiques
Portés d'un souffle court chantonnant tremblotant
Sait nous faire oublier tous nos demain tragiques
En méprisant Chronos qui veille complotant...

La grâce de la Femme à jamais nous emporte
Sa douceur pour toujours gentiment nous attend
L'aura de son parfum constamment nous escorte
Elle reste et demeure un soleil éclatant...

TOUT TENDREMENT...

La simplicité nue
Chante le féminin
Harmonie attendue
Largesse contenue
Cadeau jamais bénin
Oubli du temps venin...

Dans l'éternelle ivresse
L'homme devient vassal
La vie est sa maîtresse
La Femme est son adresse
Son regard abyssal
Est un ciel provençal...

Pour une âme esseulée
Ses bras sont un écrin
Une riche vallée
Une grande envolée
Eteignant le chagrin
Sachant rendre serein...

Les sens sont à la fête
L'amour est un creuset
Lorsqu'il est à son faîte
L'essence satisfaite
Délivre son secret
Douceur d'un saint verset...

.../...

Suis-je un bon pianiste
Pour son corps piano
Seul un bon concertiste
-Contraire d'égoïste-
Sait respecter le beau
Le jouant crescendo…

J'écris bien des poèmes
Sur le grain de sa peau
Ces chemins de bohèmes
Brisent les anathèmes
Ne sont-ils qu'un appeau
Caché dans un drapeau…

FEMME...

Juste accroché juste un instant
A ton regard comme à ton âme
Comme un oubli chassant l'infâme
En demeurer tout tremblotant...

L'émotion de ton image
Qui me poursuit sait s'imposer
Dans mon réel pour se poser
Dans ce désert comme un mirage...

L'émotion de ton parfum
Qui me transcende est une ivresse
C'est ton aura qui là m'adresse
De l'infini vibrant sans fin...

L'émotion de ta parole
Qui chante en boucle en m'aguichant
-Onde d'amour me chevauchant-
Dans mon silence est ma boussole...

Juste accroché juste un instant
A ta personne à tout ton être
Comme un oubli dans le temps traître
En demeurer tout tremblotant...

ÉCRIV' ÉMOIS...

Offrez-moi vos mots Madame
Comme un écho de votre âme
L'encrier par eux nourri
Ne sera jamais tari…

Offrez-moi même vos peines
Toutes vos amours vos haines
Mes vers alors c'est certain
Chanteront dès le matin…

Je leur offrirai ma plume
Pour conter votre amertume
Mais aussi votre bonheur
En respectant votre honneur…

Je leur offrirai sans cesse
Un temps qu'enfin rien ne presse
Un espace de repos
Que je voudrais à-propos…

…

La Muse avec le poète
Par des mots qui se complètent
Dans une complicité
Tissent leur humanité…

DOUX SOLEIL...

Une symphonie
Jouée à deux cœurs
Tout en harmonie
Chasse l'agonie
Des présents braqueurs
Toutes nos rancœurs…

Exit la grisaille
De l'être esseulé
Dans le temps muraille
D'amours feu de paille
Rire craquelé
Demain barbelé…

Le ciel s'ouvre vaste
L'horizon chantant
Est enthousiaste
Sous ce soleil faste
Le bonheur s'entend
Loin des pleurs d'antan…

C'est la vie en rose
Qui vient pour chasser
Tout le vent morose
Belle apothéose
Le temps défroissé
N'est plus angoissé…

…/…

Douce est la musique
Ses airs d'absolu
Sur notre âme applique
Un baume magique
L'amour est salut…
Futur résolu

ENFIN...

Rechercher l'oasis dans le désert d'un autre
En fuyant le mirage et le rire trompeur
Sous un soleil brûlant marcher dans sa torpeur
Loin des eaux frelatées quand beaucoup trop s'y vautrent...

Rechercher la chaleur dans l'hiver glacial
En fuyant les degrés d'une vaine vinasse
Comme tous les serments à la saveur tiédasse
De ces yeux pétillants au regard partial...

...

Puis un jour se poser léger comme une plume
Sous un ciel tempéré plus fort que la saison
Quand l'amour véritable a le cœur pour blason
Devant lui disparaît toute ombre d'amertume...

DÉSIRABLE OUBLI...

Sur ta peau de satin
Se dessine ma chance
J'y jette mon destin
L'amour mène la danse...

Au profond de tes yeux
Heureux je m'abandonne
Sous ce ciel oublieux
Le bonheur se fredonne...

De tes jardins secrets
Tu m'en ouvres les portes
Dans l'avant dans l'après
Les baisers sont escortes...

J'aime ton souffle chaud
Sa rapide musique
Il m'emmène bien haut
Chronos est amnésique...

Dans mes bras tu te perds
Dans tes bras je me trouve
Par ces trésors offerts
La candeur nous approuve...

Désirable sommeil
Près de soi près de l'Autre
L'amour est un soleil
Lorsqu'il se montre nôtre...

BOUILLONNEMENT...

Ton sourire s'accroche
Sur mon cœur escarpé
Le bonheur qui s'approche
Saura-t-il m'agripper…

Beauté multicolore
Rayonnant dans le gris
L'existence m'honore
Que j'aime quand tu ris…

Ton regard qui scintille
Est un gentil cadeau
C'est le temps qui pétille
Eteignant le fado…

C'est le présent qui chante
L'amour en est la voix
Ton âme est si touchante
Qu'elle incarne mon choix…

Le jour a ton visage
Il dissipe la nuit
Le futur s'envisage
La crainte enfin s'enfuit…

Du coup tout devient simple
Le ciel s'habille en bleu
La tendresse non feinte
Est bien plus qu'un vain jeu…

…/…

Ton être est mon espace
Tu remplis l'horizon
Tu prends toute la place
Tu deviens ma raison…

MADAME...

La pensée est-elle double
Ce 'bonjour' tout en fadeur
Bien timide ambassadeur
Camouflera-t-il son trouble...

Trouble devant ce regard
Qui sait mettre l'âme à nue
Etrange flamme inconnue
Cœur vibrant d'un bel égard...

Trouble en face d'une Femme
Qui dans sa féminité
Glisse dans l'éternité
Au sein de cette heure infâme...

Trouble devant ce parfum
Qui me saisit qui m'envole
Vers un temps loin du frivole
Où le futile est défunt...

Trouble fait de déférence
Qui s'exprime tremblotant
Qui s'exprime chuchotant
Devant la fin de l'errance...

Trouble ému d'un homme enfant
Etonné par tant de charmes
Soldat déposant les armes
Devant l'amour triomphant...

GENTIMENT TENDREMENT PUDIQUEMENT SENSUELLEMENT...

Gentille marmotte
L'oubli du sommeil
Tendre te dorlote
La douceur y flotte
Le rêve est soleil
Le rêve est éveil…

Les bras de la Femme
Sont un bel oubli
Chassant tout l'infâme
Eteignant le drame
Son corps anoblit
Tout est aboli

Le temps la durée
Désirable port
Tendresse éthérée
Toujours espérée
La petite mort
Est quête de l'or…

Beau cri qui soulève
Et puis s'endormir
Apaisante trêve
En rester l'élève
A jamais frémir
Tendrement gémir…

        …/…

Gentille musique
Souffle du vivant
Initiatique
Ravissant cantique
Toujours émouvant
Jamais décevant…

BELLES COULEURS...

Douceur d'un soleil rose
Le bleu s'épanouit
Dans sa métamorphose
Le bonheur enfoui
Charmé se réjouit
Dans son éveil il ose...

Il ose s'affranchir
De toute sa prudence
Il ose l'infléchir
Quitter sa dépendance
Il entre dans la danse
Il cherche à s'enrichir...

Désirable richesse
Que celle d'être aimé
Le cœur entre en liesse
Et s'il est enflammé
Il aime proclamer
Que pour lui la tendresse

Est comme un beau cadeau
Un échange un partage
Qui se vit crescendo
Un apaisant voyage
Pour l'âme un tatouage
Un bel Eldorado...

.../...

Ce chant multicolore
Bienfaisant lumineux
Eternel sémaphore
Aux lux si généreux
Guide les amoureux
Vers une belle aurore…

C'est toutes les couleurs
Qui vives les acclament
Fini le temps des pleurs
L'amour est un sésame
Pour l'homme et pour la femme
Adieu toutes pâleurs…

TOUT LANGOUREUSEMENT...

Et je danse et je tourne et je vis
Du Champagne une coupe et des bulles
Ton parfum tes cheveux tu souris
Nous volons tous les deux funambules
Ignorant le futur sans avis
Nous surfons sur nos peurs incrédules...

Enfin là l'un pour l'autre en cadeau
Nous vibrons nous tremblons en silence
L'espérance ôte enfin son bandeau
Nous berçant d'une belle indolence
Devenant se montrant ce credo
Où l'amour se revêt d'excellence...

Un baiser sur la peau de ton cou
S'aventure et t'effleure et se pose
Et mon cœur met à terre un genou
Se sentant musicien virtuose
Il te joue un morceau de bon goût
Tout gentil délicat grandiose...

Comme un sceau se fixant sur le temps
Mes deux mains tendrement sur tes hanches
Disent mieux que mes mots hésitants
Tout ce qui me vient en avalanches
Sentiments enflammés crépitants
Pureté de bouquets de fleurs blanches...

.../...

Loin de tout près de nous tout émus
Enlacés nos deux corps se devinent
Amoureux nous dansons suspendus
Le destin doucement nous dessine
Un projet nous laissant confondus
La candeur de l'oubli nous câline…

IVRESSE ET OUBLI…

La grâce d'une courbe
Où le tendre est addict
En se moquant du strict
Sourit sans être fourbe…

Elle efface la peur
Du temps qui nous provoque
De Chronos qui se moque
Etonnante torpeur…

La grâce féminine
Est pour le masculin
Un désir cristallin
Une saine endorphine…

La grâce par un corps
Devient comme une armure
Où le beau se murmure
Loin des sombres décors…

Elle efface la crainte
Dans le profond dessein
D'un bonheur enfin ceint
D'une éternelle étreinte…

La grâce d'un oubli
Efface le supplice
Du temps qui toujours glisse
Qui toujours s'affaibli…

Ô MON AMOUR...

Nos baisers d'autrefois tous sans perversité
Mais sans tabou non plus chantaient notre jeunesse
Nous héritions du monde -éternel droit d'aînesse-
La vie ouvrait son ciel dans son immensité...

Notre amour devenait notre Université
-Le regard est un livre où de beaux demain naissent
Le silence est l'écho de sa belle promesse-
Et Venus souriait dans sa complicité...

Mais toujours et partout les montagnes s'érodent
Sur trop de quotidien l'habitude se brode
Le gentil petit 'nous' n'était pas préparé...

Ce n'est qu'en sépia que le présent s'habille
Le bonheur il faudrait nous en accaparer
Pour qu'enfin -c'est certain- dans nos deux cœurs il brille....

SE LAISSER SURPRENDRE, SE LAISSER PORTER...

Parlez-moi de Vous de vos grands yeux tristes
De ce léger pleur joli prisme bleu
De ce léger trouble est-il un aveu
Qu'ils seraient un peu disons défaitistes...

Parlez-moi de Vous de tous vos espoirs
Sont-ils devenus comme une fissure
Sont-ils devenus comme une blessure
Se réfléchissant dans tous les miroirs...

Parlez-moi de Vous si mélancolique
La vie aime aussi s'habiller d'amer
La vie aime aussi dans un courant d'air
Chasser brusquement tout le bucolique...

Plutôt taisez-Vous car déjà demain
Survient pour sécher ces méchantes larmes
Survient pour prêcher -déployant ses charmes-
Un futur rieur hymne au blanc jasmin...

Parlez-moi de nous désirable esquisse
Car il faut savoir sans être berné
Car il faut savoir enfin discerner
La voix qui pourra combler tout abysse...

$\qquad\qquad\qquad\qquad\qquad$ .../...

Parlez-moi de nous laissez-Vous porter
Par ce gentil souffle où l'amour nous frôle
Par ce gentil souffle -aucun jeu de rôle-
Où tout est douceur et belle clarté…

Parlez-moi de Vous de vos yeux qui brillent
De ce léger pleur joli prisme bleu
De ce léger trouble est-il un aveu
Que dès maintenant le présent pétille…

ÉTRANGETÉ D'UN TROUBLE...

La grâce d'une courbe au charme désarmant
Vient dessiner la Femme
Vient l'habiller de ciel ombre du firmament
Immuable sésame...

La grâce d'une courbe au charme étincelant
Vient dessiner le rêve
Qui plus que très souvent nous laisse chancelant
Une aurore se lève...

La grâce d'une courbe au charme rassurant
Vient dessiner le phare
D'un port tant espéré par notre cœur errant
Qu'il y jette l'amarre...

La grâce d'une courbe au charme ravissant
Vient dessiner la Femme
D'un magnifique trait toujours éblouissant
Eternel oriflamme...

ÉTERNITÉ D'UN TROUBLE...

Semblable et différente
Tu traverses le temps
Tes charmes envoutants
Te rendent attirante…

Le pays des douceurs
T'honore en digne reine
Généreuse et sereine
Dans ses mille saveurs…

La fantasmagorie
Par un magique trait
Dessine ton portrait
Dans une rêverie…

Honte à l'esprit macho
Honte à ceux qui t'abiment
L'orgueil qui les anime
Donne un bien triste show…

Mais tous les arts te chantent
Proclamant ta beauté
Dans une loyauté
Authentique et touchante…

Beauté du féminin
Majesté de la Femme
Qui toujours nous enflamme
D'un feu jamais bénin…

APAISANTE MUSIQUE...

Sur ton corps pour portée
Ecrire un récital
Musique de cristal
Qui n'est pas formatée...

Improvisation
Initiation
Quelquefois par un dièse
L'audace met à l'aise
Quelquefois le bémol
Facilite un envol
La clef de la tendresse
Sait-être enchanteresse
Le respect pour tempo
Flotte comme un drapeau
Ton souffle et sa cadence
Est corne d'abondance
Ton Etre est l'instrument
De mon feu consumant
Musique aérienne
Dans un accord pérenne
Qu'il sait rendre léger
Ce point qu'il faut piéger...

En ultime fantasme
Ton plaisir Est plaisir
Cet instant le saisir
Splendide enthousiame...

ÉTERNITÉ D'UN RÊVE...

Une Femme dans la nuit
Chasse le poids de l'ennui
Tout le poids de l'existence
Parfois bien lourde sentence
Dure compétition
Vaine figuration
La risette à la commande
Est un peu comme une amende…

Une Femme qui sourit
Sait chasser le jour aigri
Son amour et sa tendresse
Forment une forteresse
La douceur de son regard
Reste une muse de l'Art
Son souffle est une musique
Qui sait nous rendre amnésique…

Une Femme ouvrant les bras
Eclipse les apparats
Sa nudité sensuelle
Fait qu'elle demeure belle
Magicienne en amour
Elle tait le temps qui court
Deux êtres qui fusionnent
Et tout se solutionne…

…/…

Une Femme adroitement
Fait de Chronos son amant
Pour le réduire au silence
Pour en faire sa pitance
Et dans sa féminité
Un éclat d'éternité
Alors subitement brille
Enfin notre peur vacille…

Une Femme dans la nuit
Chasse le poids de l'ennui
Apaisement désirable
Sachant être véritable
Dans la réciprocité
Et dans l'authenticité
Mais que celui qui l'espère
Dans le respect soit sincère…

ONDE INTEMPORELLE...

Le charme d'une Femme
Ce sont ces petits riens
Effaçant tout le drame
De nos jours sibériens
Petits riens aériens
Faits d'une douce flamme...

Anodine chaleur
Dans un bain d'innocence
Eteignant la douleur
Ainsi que l'indécence
Du bonheur en absence
Du temps souvent voleur...

C'est une chevelure
C'est un gentil parfum
Fissurant notre armure
L'instant susurre 'Enfin !'
D'un sourire non feint
Qui vibre et nous murmure

Un bel etcetera
Intemporelle image
Intemporel mantra
-Dénué de grimage-
Intemporel hommage
Intemporelle aura...

DANS TON SILLAGE...

Vivre avec toi vivre sans Toi
Tu sais rester la référence
Dans la chaleur de ta présence
Dans la froideur de ton absence
C'est ton regard qui fait la loi
Qui sait jouer de mon émoi…

Un regard d'ange et c'est étrange
D'y succomber tout tendrement
J'y prends plaisir négligemment
Il vient fleurir élégamment
Un bonheur que rien ne dérange
Lotus offerts aux eaux du Gange

Il purifie il assainit
L'amour croit tout je te devine
Tu viens chasser l'heure chagrine
Loin du passé je te dessine
Sur le futur à l'infini
Et tout le terne est bien banni…

Je garde espoir je veux y croire
Gardien du temps je t'attendrai
Il chantera ton bel attrait
Tu connaîtras mon grand secret
Et nous fuirons le dérisoire
L'amour sera notre victoire…

CHARME DE LA FEMME MÛRE...

La couleur des années
Est belle profondeur
Les amours chagrinées
Trop souvent détournées
Habillent la candeur
D'une noble grandeur...

C'est le charme de l'ambre
Qui règne en ce sous-bois
Encor loin de décembre
L'automne -beau- se cambre
Le ciel reste courtois
Eloigné des grands froids...

Ici trois quatre rides
Soulignent la Beauté
Loin des regards avides
Et des serments cupides
Chronos vient les doter
De paix de loyauté...

Et ses yeux qui pétillent
Savent ce qu'est vibrer
Aucune pacotille
Dans ce reflet qui brille
Car tout l'enténébré
Ailleurs a bien sombré...

.../...

Lorsque l'âme se pose
Après plusieurs vingt-ans
Dans sa métamorphose
-Comme dans une osmose
Avec ce qu'est le temps-
En parfums envoutants

Elle offre un beau sourire
Echantillon du cœur
Qui sait toujours séduire
Qui veut toujours construire
Dont l'exquise liqueur
Chante l'Amour vainqueur…

SOLEIL D'ÉPICES...

Le sable ému se souvient
De ces beaux instants complices
-Délicat flux qui revient-
Loin de ceux n'étant que lisses...

Une innocente impudeur
Vient se lover sur la plage
Le soleil dans sa candeur
Se donne dans un partage...

Le goût salé de la peau
Se dépose sur la bouche
La tendresse est le drapeau
De ce baiser peu farouche...

La chanson de l'océan
En berceuse romantique
Aime gommer le néant
Dans un accord authentique...

Là-bas s'étale la mer
Là-bas c'est l'appel des dunes
Le ciel vaste pur et clair
Chasse toutes infortunes...

Les amoureux enlacés
Confondus dans la nature
Distants des temps angoissés
Font de l'amour leur parure...

.../...

Et longtemps longtemps après
Le souvenir dans une onde
L'aura de tous ces secrets
Tairont la grisaille immonde…

Et longtemps longtemps après
La grâce de ce sourire
L'aura de tous ses secrets
Feront oublier le pire…

….

Et longtemps longtemps après
La grâce de tout ton Être
L'aura de tous mes regrets
Pleureront à ma fenêtre…

COMME FOUDROYÉ...

Avoir l'âme mise à nu
Dans un instant bienvenu

Par le charme d'une grâce
-Soudainement tout s'efface-

Par le charme d'un regard
Qui nous laisse tout hagard

Qui dans le nôtre se pose
Douce intemporelle osmose

Qui se fixe dans le temps
Par des effets déroutants

Par des ondes invisibles
Aux effets imprévisibles

Par un rêve de beauté
Que Chronos avait ôté

-Hier souvent le confisque
Son futur a pris ce risque-

Par l'éclat d'un bel éclair
Où le jour se montre clair

La voilà dépaysée
La voilà paralysée…

ÉTERNELLE FEMME...

Entre la réalité
Entre tout l'imaginaire
Qu'est donc la Féminité
Beaux coups de foudre et tonnerre ?

Un phare un mythe éternel
Une fantasmagorie
Un rêve pas que charnel
Une superbe euphorie

Un bonheur une douleur
Qui constamment nous enchaînent
Une impudique pudeur
Auréolant une reine

Une flamme dans la nuit
Un abri dans la tempête
Un calme étouffant le bruit
Un songe une silhouette

Incarnation d'émois
Incarnation du Charme
Sachant nous laisser sans voix
Et qui toujours nous désarment

C'est cela c'est beaucoup plus
-Un tout que l'on considère-
Ce n'est pas qu'une Vénus
L'égard n'est pas secondaire…

JOLIE MORT...

Comme un tapis volant
Au dessus des nuages
Un souffle haletant
Dans des instants peu sages...

Comme un regard shooté
Qui se perd et qui plane
Qui voit l'autre flouté
Le plaisir dédouane...

Comme un paisible cri
Un paisible sourire
De l'amour qui s'écrit
Sous le son d'une lyre...

Comme un gentil cadeau
Qui vient qui colorise
Qui brise le rideau
De l'existence grise...

Comme quoi quelquefois
La mort sait être belle
Petite et pas sans voix
On l'aime telle quelle...

LA VIEILLESSE...

Les 'fleurs de cimetière'
Qui poussent sur la main
Vers un demain certain
Annoncent la frontière…

Lui donnant du relief
-Elle devient veineuse
Autant que bien osseuse-
Chronos étant son fief…

Le vent du temps l'agite
D'un léger tremblement
Inextricablement
Son histoire semble écrite…

…

Cette main fut douceur
Offrant de la tendresse
Avec beaucoup d'adresse
Sous un œil encenseur…

Elle demeure Belle
Mais d'une autre beauté
D'une autre loyauté
Où le regret se mêle…

Il faut la discerner…
Que notre main lui dise…
Ce temps n'est que sottise…
L'amour ne peut faner…

INTEMPORALITÉ D'UN SOUFFLE...

Sur une salle vide un panneau dit 'A vendre'
Mais je la vois toujours comme un splendide écrin
Où brillait ton sourire il savait me surprendre
Il savait m'émouvoir -rafraichissant embrun-...

Dans cette brasserie où je t'ai dit 'Je t'aime'
Je m'ouvrais à la vie ainsi qu'à sa douceur
Ces instants de partage autour d'un café crème
Marquèrent le début d'un étonnant bonheur...

Ce gentil souvenir est un vibrant fantôme
Qui squatte mon esprit qui hante cet endroit
L'amour nous a donné plus qu'une simple aumône
Il est notre richesse il chasse notre effroi...

Aujourd'hui ton sourire encore encore brille
Par lui tu m'as offert de précieux joyaux
Il se moque du temps l'innocence y frétille
Les espoirs du passé se sont montrés loyaux...

C'est par un pur hasard que là dans cette rue
J'aperçus cette affiche et ce commerce est mort
Mais notre amour lui vit la route parcourue
Malgré quelques écueils nous montre qu'il est fort...

CAP DE BONNE ESPÉRANCE...

Puisque toujours le rêve
Dans le matin s'achève

Gardons les volets clos
Et voguons sur des flots

Où domine le tendre
Où le temps peut attendre

Amarré dans tes bras
Je reste sous les draps

Ton cœur en port d'attache
Sait garder son panache

L'ouragan du dehors
N'a qu'à tirer des bords

Loin de notre tendresse
Et qu'il change d'adresse

Bercés de clapotis
Nous resterons blottis…

FRONTIÈRE PSYCHIQUE...

Tu me viens dans une onde et je me téléporte
Voyage temporel autant que spatial
Dans l'émotionnel du trouble initial
Une aura de bonheur frappe alors à ma porte…

Soudain l'aridité de l'espérance morte
Est désert qui fleurit le dictatorial
D'un abandon qui crie -inquisitorial-
Est du coup balayé d'un revers de main forte…

Je te rêve et te vois dans le temps suspendu
La grâce de l'instant me laisse confondu
Je me frotte les yeux s'agit-il d'un mirage

Je me trouve à cent lieux de notre hier maudit
Et pour l'éternité ce 'nous' reste un ancrage
L'amour tel un phénix pur candide applaudit…

BONHEUR DE TOUJOURS...

Une Femme amoureuse
C'est un cadeau vivant
Qui vibre sous le vent
D'une pensée heureuse...

Le bonheur de l'instant
Prend les pleurs et les chasse
Et les craintes s'effacent
Devant l'amour chantant...

Quand le futur s'habille
Du tissu d'aujourd'hui
C'est le présent qui luit
Dans des yeux qui pétillent...

Le tendre est un ballet
Où la douceur s'invite
Où la peine s'évite
Le bien-être est complet...

Une Femme amoureuse
C'est la vie en couleurs
C'est des temps enjôleurs...
La Vie est généreuse

ÉTERNELLE IVRESSE...

Plaisirs pour décors
En fragile tulle
Et grand-huit des corps
En fragile bulle...

Sur un toboggan
Tissé de peau douce
L'amour arrogant
Tendrement nous pousse...

Belle fusion
Regards en osmose
Belle évasion
Qui laisse tout chose...

Tout innocemment
S'imprégner de l'Autre
Délicatement
Sa chair devient nôtre...

Le même baiser
Se reçoit se donne
Il sait apaiser
Chronos est aphone...

Et l'Autre sourit
Dans un bel orgasme
L'amour y fleurit
Plus beau qu'un fantasme...

.../...

Magique lifting
Paix sur un visage
Bienfaisant feeling
Etonnant lissage…

Et puis s'endormir
Bercé de tendresse
Dans un doux soupir
Où plus rien ne presse…

JUSTE NOUS...

Le matin nous attire
Mais c'est le soir qui vient
Petits pas faits de rien
Vers un demain martyre...

Gentil matin soleil
Gentil matin lumière
Gentille est la prière
Pour un constant éveil...

Mais bien trop vite arrive
Un bien trop méchant soir
Qui chante l'au revoir
D'une note offensive...

Alors aimons l'instant
En se moquant de l'heure
Car lui n'est pas un leurre
Fragile inconsistant...

Que l'instant nous embrasse
Voyons-en la beauté
Heureux d'y barboter
Recherchons-en la grâce...

Alors viens contre moi
Pour une douce danse
Qui dans une évidence
Deviendra notre toit...

DANS LA BEAUTÉ DU PARTAGE...

Silhouette impudique
Faisant vivre la nuit
Silhouette ludique
Par qui la lune luit...

Ta beauté sensuelle
Sait traverser le temps
Ta beauté rituelle
Nous change en pénitents...

Ton corps est un calice
Offrant un vin d'oubli
Ton corps est un délice
Qui jamais ne faiblit...

Bonheur de cette ivresse
En éternel cadeau
Bonheur dans l'allégresse
D'un plaisir crescendo...

Parfois les yeux se ferment
Pour mieux te contempler
Parfois l'absolu germe
D'un monde dépeuplé

Où deux êtres s'épousent
D'un magnifique cri
Où la candeur jalouse
Ce trouble qui fleurit...

.../...

Et le beau sait éclore
D'un regard partagé
Et le pur dit 'Encore !'
Dans cet instant figé…

DUO A CAPELLA...

La flamme naturelle
Du grand feu de l'amour
Demeure intemporelle
Douce comme le jour...

Un couple qui s'enlace
Sans vice ni tabou
Qui jamais ne s'en lasse
Sans fin c'est le Pérou...

C'est un spectacle intime
Une danse un ballet
Ni bourreau ni victime
Ni chaine ni filet...

Beau chant polyphonique
Parfait chœur à deux voix
Magnifique iconique
S'il est un libre choix...

Que toujours se conjugue
Le verbe respecter
Que jamais cette fugue
Ne soit un 'jeu' dicté...

INTEMPORALITE DE L'AMOUR...

L'âme des souvenirs se conjugue au passé
Dans notre propre temps -mémoire qu'ils jalonnent-
Irréversiblement leurs présences détonnent
A son propre parcours chacun reste enlacé...

Un moment de l'enfance une amitié scolaire
Notre premier vélo notre premier baiser
Comme aussi les faux pas l'espoir amenuisé
Le hasard tour à tour assombrit puis éclaire...

Jamais au grand jamais hier ne se revit
S'écoulent les tic-tacs année après année
S'agrandit leur convoi dans une wagonnée
Où le désagrément se présente et sévit...

Mais l'amour reste en nous toujours il nous câline
Toujours il nous motive oubliant de vieillir
Même si le soleil tout doucement décline
Jusqu'au jour où la mort vient pour nous assaillir
Il reste un feu brûlant vers lequel on s'incline...

LETTRE A MON EPOUSE…

Adolescent, interpellé par la rencontre future de la Femme aimée, je m'interrogeais sur son positionnement spatial et temporel…

Habité par des fantasmes d'absolu, je pensais qu'à chaque homme correspond une Femme (et réciproquement), le tout étant de la trouver…

Sur cette base il m'arrivait même de considérer que cette quête était emprisonnée dans le temps et brimée par celui-ci : Car de la même façon qu'Elle se situe peut-être à l'autre bout du monde, pourquoi ce parfait alter ego au féminin n'aurait-il pas vécu dans le passé ?
Question chimérique formulée par le cerveau en gestation d'un ado.

Depuis, j'ai cessé de me poser des questions auxquelles il n'y a pas de réponse….
Par contre l'interchangeabilité du conjoint n'est toujours pas une notion qui pour moi va de soit….
Pensant toujours que l'on a qu'une seule et unique Femme de sa vie…

Surtout qu'en ce qui me concerne :
Sur la plage je ne suis pas Schwarzy,
Au lit je ne suis pas Rocco (bien que parfois rococo),
Avec un marteau, je ne suis pas « Monsieur bricolage »,
Avec un plumeau, je ne suis pas « Monsieur propre »,
Au fourneau, je ne suis pas un Bernard Loiseau,
Mon QI n'est pas celui de Bill Gates,

Mon compte en banque non plus,
Ma patiente n'est pas légendaire,
Etc...
Mais tu ne m'as pas jeté....
M'acceptant malgré tout...

Pourquoi donc voudrais-je que tu sois au top ici et aussi là ?
De quel droit ?
Sur quelle base ?

Dans ta globalité tu es :
Femme de ma vie donc...
« Epouse de ma jeunesse... »
Mère de mes enfants....
Grand-mère de mes petits enfants...
Projet de ma vie...
Femme de ma mort à défaut d'être Femme de mon éternité à présent perdue...

Jeune ma mémoire fixa cette phrase -adressé à Dieu- lue sur une tombe où gisait un couple : «Ne sépare pas au ciel ceux que tu as unis sur terre...».
Amour absolu...
Transcendance...

Mais le temps existe et il se moque de nos états d'âme.
D'ailleurs il finira bien par nous faire un fatal croche-pied...
Jeune, j'ignorais la fragilité de mes certitudes !
A présent je suis déjà dans la certitude de ma fragilité...
Et tout cela me rappelle mon questionnement sur la temporalité d'il y a quelques décennies....
Je porte juste un regard usé sur l'humanité qui m'habille et je n'y vois plus les « beaux habits du dimanche » auxquels j'ai pu

rêver dans la candeur de mon innocence à présent perdue...
Comme au temps où je marchais encore dans le pays des vivants...
Mais tout cela n'est que délires chimériques formulés par le cerveau d'un adulte trop vieux pour être encore jeune et trop jeune pour être déjà vieux...

Ô Toi... Si tu devais partir la première, mon Amour, comme j'aimerais avoir la force de nous rester fidèle...
N'associez mon nom qu'à une seule Femme, la mienne, Toi...

Et quand, à mon tour je devrais plonger dans le néant pour t'y rejoindre, j'aimerais que mon corps sans vie rejoigne le Tien...
Et que mes bras décharnés, perdus dans la paix des étoiles, mus par cette force universelle qui dès la naissance nous jette à terre jusqu'au jour ou l'on ne peut plus se relever (du gentil rouge sur les genoux à la trahison du « je » qui n'est qu'illusion...), puissent délicatement et doucement, tout doucement, se rapprocher de Toi, comme pour te réchauffer...
Et que nous devenions plus unis que nous le fûmes jamais en ne formant qu'une seule poussière...

Si je devais partir le premier, il n'est pas bon que les vivants soient liés par des morts...
Fais ce que tu crois devoir faire et sois heureuse, Toi mon Amour...
Et je souhaiterais être incinéré pour que tu répandes mes cendres là où l'on s'est marié...
Chaque pensée serait une fleur déposée sur ma mémoire et les larmes feu d'artifice de pétales...

Merci d'exister...

TABLE DES MATIÈRES

BEAUTÉ DE LA FEMME MATURE...
FEMME, PASSION DÉVORANTE....
DANS UN RÊVE DE TOI...
DANS LE RÊVE DE VOUS...
TROUBLE...
GENTILLE MUSIQUE...
EXCISION...
LE SEPTIÈME...
LA CONCUPISCENCE...
IVRESSE...
QUÊTE DE L'AUTRE...
PETITE MUSIQUE DE VIE...
FANTÔMES VIVANTS POUR AMOURS MORTES...
ÉTERNELLE PASSANTE...
ENIVRANTE FLEUR...
DANS LE MYTHE DE TOI...
« THIS LOVE WILL NEVER DIE AND I LOVE HER »...
QUIÉTUDE...
MADAME LA MUSE...
MAGIE D'UN INSTANT...
FEMME...
« LE PLUS JOLI RÊVE... »
LE TRIANGLE DES BERMUDES...

UNE FEMME APPARAÎT...
ABANDON...
BEL OUBLI...
ÉTERNEL TROUBLE...
ÉTERNEL ENCHANTEMENT...
BEAUTÉ D'UN TROUBLE....
«LES FEMMES MÉRITENT LE RESPECT»...
« NEW SKIN FOR THE OLD CEREMONY »...
LA DOUCEUR D'UN PRINTEMPS...
TOUT TENDREMENT...
FEMME...
ÉCRIV' ÉMOIS...
DOUX SOLEIL...
ENFIN...
DÉSIRABLE OUBLI...
BOUILLONNEMENT...
MADAME...
GENTIMENT TENDREMENT PUDIQUEMENT
SENSUELLEMENT...
BELLES COULEURS...
TOUT LANGOUREUSEMENT...
IVRESSE ET OUBLI...
Ô MON AMOUR...
SE LAISSER SURPRENDRE, SE LAISSER
PORTER...
ÉTRANGETÉ D'UN TROUBLE...

ÉTERNITÉ D'UN TROUBLE...
APAISANTE MUSIQUE...
ÉTERNITÉ D'UN RÊVE...
ONDE INTEMPORELLE...
DANS TON SILLAGE...
CHARME DE LA FEMME MÛRE...
SOLEIL D'ÉPICES...
COMME FOUDROYÉ...
ÉTERNELLE FEMME...
JOLIE MORT...
LA VIEILLESSE...
INTEMPORALITÉ D'UN SOUFFLE...
CAP DE BONNE ESPÉRANCE...
FRONTIÈRE PSYCHIQUE...
BONHEUR DE TOUJOURS...
ÉTERNELLE IVRESSE...
JUSTE NOUS...
DANS LA BEAUTÉ DU PARTAGE...
DUO A CAPELLA...
INTEMPORALITE DE L'AMOUR...
LETTRE A MON EPOUSE...